♪ 初心者からプロまで一緒に楽しめる ♪

はじめに

この楽譜集は、2018年刊の書籍「春畑セロリの妄想ピアノ部日記 －超キュ～トな大人たち－」（カワイ出版）の姉妹編としてつくられました。

妄想ピアノ部は、実力・経験・年齢・職業・国籍を問わず、誰でもいつでも入部できる、ピアノ好き人間が集う大人の部活です。プロもいればアマチュア愛好家も超初心者もいる！

不定期な部会では、弾ける人も弾けない人でも参加できるお遊びやクイズや掟破り連弾などを楽しみます。教育的意義はいっさい追求しない、けっして結果にコミットしない、グズグズぐだぐだも大歓迎！

この本では、そんなゆるゆるの部活ネタを集めて、ちょっとだけ"つまみぐい"してみました。どうぞみなさんも、教育的意義などいっさい追求せず、けっして結果にコミットせず、グズグズぐだぐだをお楽しみください。

なお、苦情、お叱り、建設的なご意見等は受け付けておりませんので、なにとぞ、グッとこらえてくださいませ！

春畑セロリ

Contents

妄想ピアノ部のうた
妄想ピアノ部のうた（ラ・クカラチャ） 2

ショートショート・レパートリー
ショートショート・ジュピター 6
ショートショート・新世界より 7
ショートショート・白鳥の湖 7
ショートショート・誰も寝てはならぬ 8
ショートショート・戦場のメリークリスマス 8

表現力シアター
ミレドな夜 9

だれでも弾けるコンサート
ドンなマドンナ（エリーゼのために） 10
ソんなボサ 12
ミんなジャズ 13

CMクイズ
Q.1～11 14

ワンミニッツ・ステージ
ワンミニッツ・きらきら星 18
ワンミニッツ・メリーさんのひつじ 20
ワンミニッツ・ゆうやけこやけ 22

スペシャル・ライブ
「ふるさと」はカリブ海 24
なんちゃってアフリカン（インプロビゼーション） 27

来年はどんな年
ほたるの光で恋占い 28

♪ 妄想ピアノ部のうた

メキシコ民謡「ラ・クカラチャ」に乗せて歌う部歌（簡単ピアノ伴奏つき）。
妄想ピアノ部では、クリスマス・パーティのラストに歌うのが恒例です。
Cからのオブリガートは3番くらいから入れてもOK!
もちろんピアノでもいいし、鍵盤ハーモニカやリコーダーなど、
さまざまな楽器でトライしてみるのもいいですね（楽器によってはオブリガートを
オクターブ下げてくださいね）。

妄想ピアノ部のうた
（ラ・クカラチャ）

メキシコ民謡　作詞：ラディッシュ　編曲：春畑セロリ

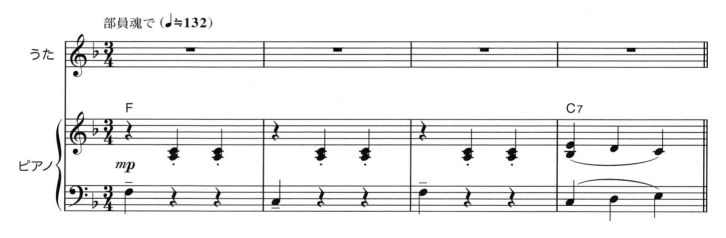

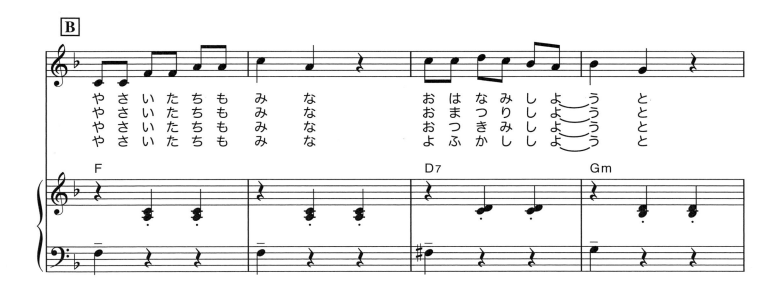

春の畑まで　続いてゆく道
空を見上げれば　さくらがいっぱい
野菜たちもみな　お花見しようと
おべんと持ち寄り　ござを広げる

ゆかなくーちゃ　ゆかなくーちゃ
春の畑に
まかなくーちゃ　まかなくーちゃ
お花の種を
かけなくーちゃ　かけなくーちゃ
げんきな土を
あげなくーちゃ　あげなくーちゃ
おいしい水を

夏の畑まで　流れてゆく川
木陰に響くよ　セミたちの歌が
野菜たちもみな　お祭りしようと
氷をけずって　練乳かける

ゆかなくーちゃ　ゆかなくーちゃ
夏の畑に
つけなくーちゃ　つけなくーちゃ
ちょうちんの灯を
焼かなくーちゃ　焼かなくーちゃ
ジャンボたこやき
釣らなくーちゃ　釣らなくーちゃ
きれいなヨーヨー

秋の畑まで　照らしてゆく月
夜風に吹かれて　すすきが揺れるよ
野菜たちもみな　お月見しようと
おだんごまるめて　土に寝ころぶ

ゆかなくーちゃ　ゆかなくーちゃ
秋の畑に
きかなくーちゃ　きかなくーちゃ
すず虫のうた
浴びなくーちゃ　浴びなくーちゃ
月の光を
愛でなくーちゃ　愛でなくーちゃ
もちつきうさぎ

冬の畑まで　隠してゆく雪
今日はクリスマス　特別な夜さ
野菜たちもみな　夜更かししようと
ピアノをかこんで　どんちゃん騒ぎ

ゆかなくーちゃ　ゆかなくーちゃ
冬の畑に
呼ばなくーちゃ　呼ばなくーちゃ
サンタクロース
飲まなくーちゃ　飲まなくーちゃ
ワインにシャンパン
弾かなくーちゃ　弾かなくーちゃ
妄想ピアノ

♪ ショートショート・レパートリー

長い曲を弾くのは大変だけど、
たった4小節なら、8小節ならガンバレるかも！
しかも、初心者向けのスカスカ楽譜ではなく、
充実した響きに陶酔しながら芸術的に弾ききれば、大喝采！
たとえ、たどたどしくても、ひたすらアーティストらしく!!

ショートショート・ジュピター
組曲「惑星」より

作曲：G. ホルスト　編曲：春畑セロリ

ショートショート・新世界より
交響曲第9番「新世界より」

作曲：A. ドヴォルザーク　編曲：春畑セロリ

ショートショート・白鳥の湖
バレエ「白鳥の湖」情景より

作曲：P. チャイコフスキー　編曲：春畑セロリ

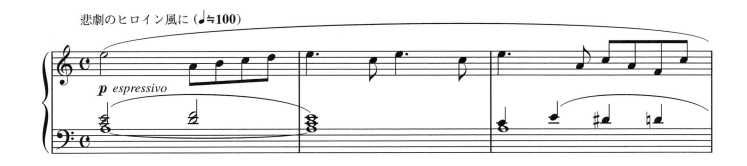

ショートショート・誰も寝てはならぬ

歌劇「トゥーランドット」より

作曲：G. プッチーニ　編曲：春畑セロリ

ショートショート・戦場のメリークリスマス

映画「戦場のメリークリスマス」Merry Christmas Mr. Lawrence より

作曲：坂本龍一　編曲：春畑セロリ

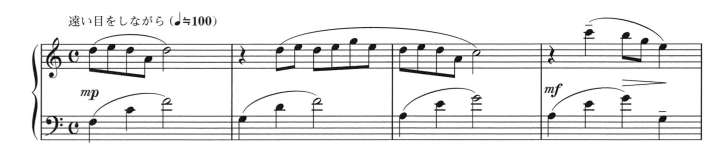

♪ 表現力シアター

短いセリフとピアノのフレーズで会話をしましょう！
気持ちをこめて!!
ピアノのフレーズは「ミレド」だけです。
こめる気持ちによって速さ、強さ、タッチ、
リズム、表情が変わります。
セリフもピアノも表現力の勝負ですよ！

ミレドな夜

しかけ：春畑セロリ

ミレドでお返事、たとえば…？！

応用編

セリフもフレーズも自由にアドリブで応酬しあいましょう。どんなストーリーになるかは、俳優とピアニスト次第です。キャッチボールを楽しんで！
たとえば……?!

セリフ例

フレーズ例

♪ だれでも弾けるコンサート

メロディもカンタン！伴奏もカンタン！
それでかっこよく弾けたらうれしいですよね！
主役のメロディは1種類の音だけでOK。伴奏は3人で分担です。
カナをふったりして、音とリズムを覚えたら、あとはノリをそろえるだけ！
失敗しても気にしない!!

ドんなマドンナ（エリーゼのために）

作曲：L. v. ベートーヴェン　しかけ：春畑セロリ

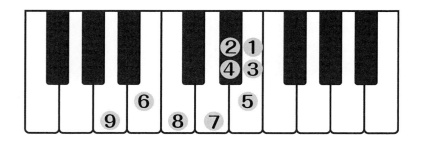

数字の順番に弾きましょう！

たおやかに（♩≒128）
「エリーゼのために」の冒頭の一節だけ弾けるようになったら、もうマドンナです。

ソんなボサ

しかけ：春畑セロリ

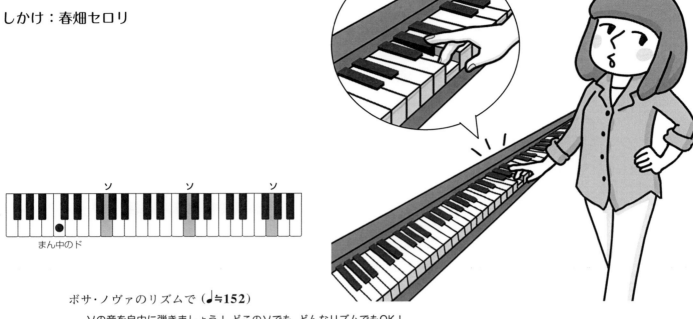

みんなジャズ

しかけ：春畑セロリ

♪ CMクイズ

耳になじみのCMフレーズやサウンドロゴ。
でも、歌詞なしで、ピアノの音だけで、何の商品かわかるかな？
あ、それそれ、知ってる、ほら、あれあれ…、
なんて、「アレ」じゃ答えになりませんよっ！

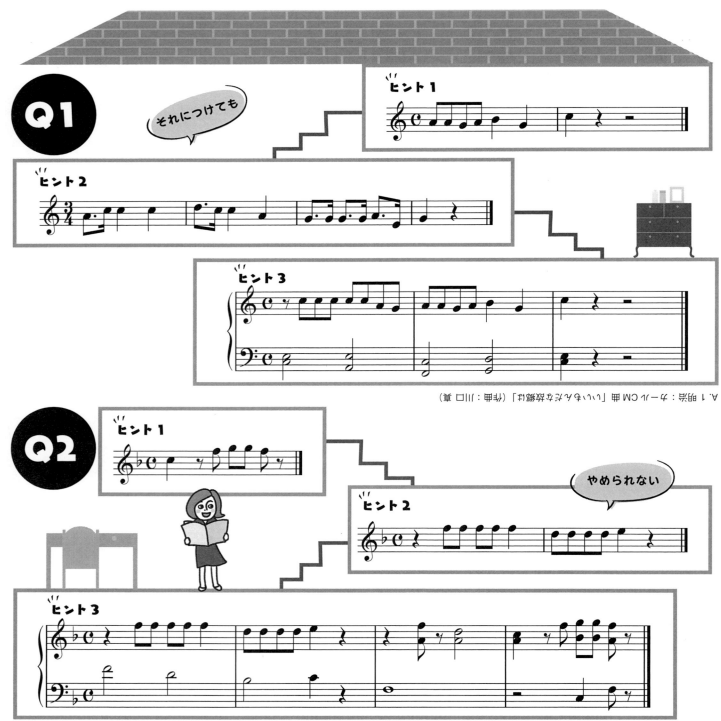

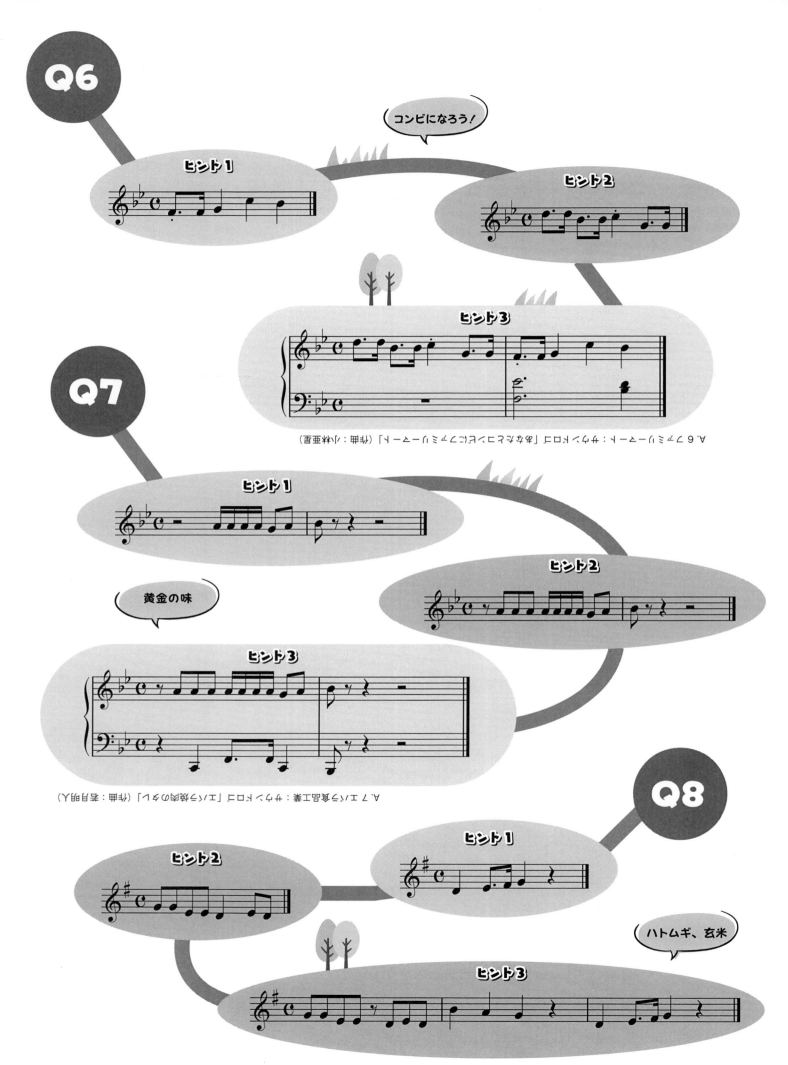

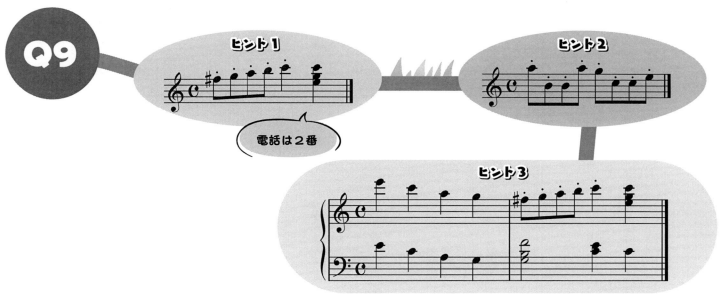

A.9 文明堂：CM曲「文明堂カステラタンス編」（作曲：オッフェンバック「天国と地獄」）

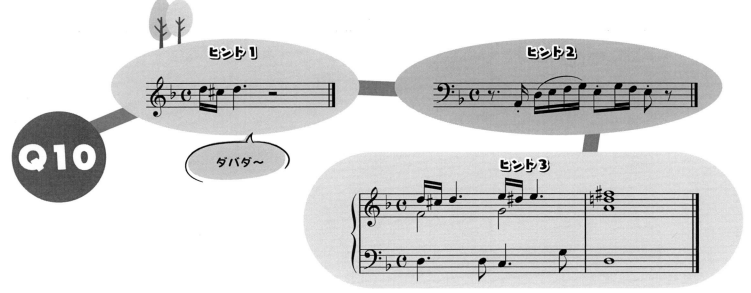

A.10 タント日本：「ネスカフェ ゴールドブレンド」1970年〜2012年 CM曲「めざめ」（作曲：八木正生）

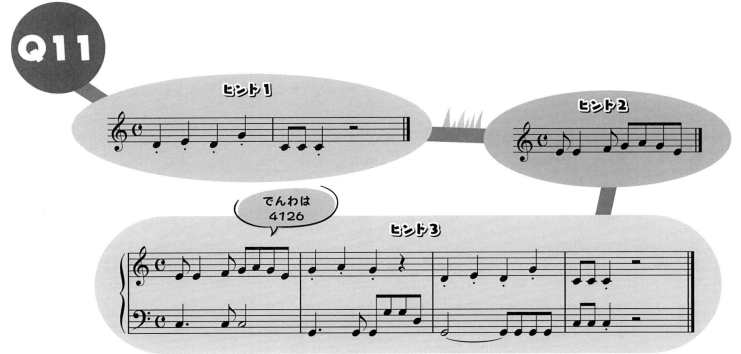

A.11 ハトヤホテル：CMソング「ハトヤの唄」（作曲：いずみたく）

♪ ワンミニッツ・ステージ

腕に覚えのある上級者に伴奏してもらって、
片手だけのメロディでもアーティスティックに仕上げましょう。
雰囲気を楽しみ、和音を楽しみ、音楽の歓びを味わう……、
大人の部活ですから!!

ワンミニッツ・きらきら星

作曲:W. A. モーツァルト　編曲:春畑セロリ

ワンミニッツ・メリーさんのひつじ

Traditional　編曲：春畑セロリ

ワンミニッツ・ゆうやけこやけ

作曲：草川 信　編曲：春畑セロリ

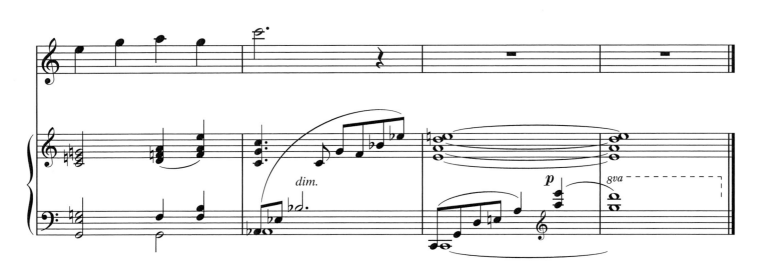

♪ スペシャル・ライブ

みんなで寄ってたかって演奏しましょう！
ちょっとかっこいいリズムを作ったり
即興でメロディを演奏したり！
パーカッションを入れるとグッと本格的になります。
正しいことより楽しいことが大事、
間違わないことよりそれっぽいことが大事。
だって、部活ですから……!!

「ふるさと」はカリブ海

作曲：岡野貞一　編曲：春畑セロリ

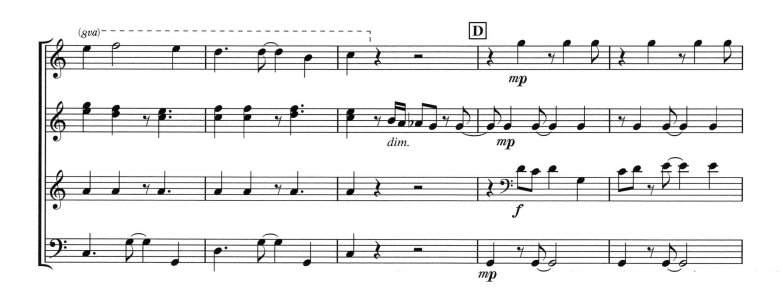

♪ なんちゃってアフリカン（インプロビゼーション）

アドリブでアフリカン・ミュージックを再現しましょう！
といっても、実際にアフリカンにくわしい人はそんなにいませんよね。
いいんです。イメージです！ 大地のパワーを感じてアンサンブルしましょう。
秘密は、全部"黒鍵を弾くこと"。それで気分はアフリカンです。
黒鍵なら、下の譜例通りでなくてもかまいませんよ〜。
えっ？ 盆踊りみたいになってきた？ いいんです！ 日本人だもの。

それぞれの音型を延々とくり返しながら、徐々にメンバーが加わっていきます。

サポート1

サポート2

サポート3

サポート4

ソリスト
（アドリブでメロディ）

ひとしきりアドリブを回し、手も痛くなってきたら、誰かが合図して *rit.* をかけ、エンディングの息を合わせて終結しましょう。

しかけ：春畑セロリ

♪ 来年はどんな年

毎年行われる妄想クリスマス・パーティ。
さあ、来年の運勢を占ってみましょう。もちろん、恋のゆくえも?!?!
あなたなら、「ほたるの光」のクライマックスの部分にどんな和音を入れますか？
7つの選択肢の中から選んでみてください。
結果は30ページにご用意しています。
Good Luck!!

ほたるの光で恋占い

スコットランド民謡　編曲：セロリーナ☆ハルハターン

占い☆結果

 来年の運勢
 恋のアドバイス
 ラッキーアイテム

Aを選んだあなた
♠ さりげなく見える毎日ですが、ついに心をしめつけるせつないできごとが起こりそう。はたして出会いでしょうか、別れでしょうか。
♡ いつまでも心に秘めていないで、思いきって一歩を踏み出しましょう。
♣ ストライプのマフラー

Bを選んだあなた
♠ 手堅くて誠実な生き方が認められます。昇給かな？ それともお見合い話？ あなたはあなたのままで、背伸びしなくてOK。
♡ いつもは着ないファッションで、いつもは行かないパーティへGO!
♣ ペアのマグカップ

Cを選んだあなた
♠ いつもあなたを見守っている人がいます。そっとまわりを見回して感謝を伝えましょう。小さな感動と巡り会えそうです。
♡ 大事なときに目を伏せないで！ あなたの目はとてもチャーミング。
♣ 昔から大事にしていたお人形

Dを選んだあなた
♠ 思わぬ才能が開花します。妬まれたりしないようにしっかりと地に足をつけ、謙虚に、でも力強く進みましょう。
♡ 憧れの視線を感じたら笑顔で振り向きましょう。出会いはそこから。
♣ 新しいスマホ

Eを選んだあなた
♠ 長年の困難や悩みに解決の糸口が！ 見落としているところに大切なヒントがありますよ。心の温かなあなたなら、きっと大丈夫。
♡ あの人はあなたの一言を待っている…。飾り立てた言葉は必要ありません。
♣ パンプキンスープ

Fを選んだあなた
♠ 衝撃の展開が訪れます。何があってもうろたえないよう、日頃の準備や訓練をお忘れなく！ 雨降って地固まる。
♡ 虚勢を張らないで。ほんとはとても可愛らしいあなたですから。
♣ スパークリングワインまたは梅酒

Gを選んだあなた
♠ あせってはいけません。必ず認められ、脚光を浴びる日がきます。待ちに待ったその時こそ、スターになるのです。
♡ わがままを聞いてくれているあの人が、一番のパートナー！
♣ 赤いレザーの財布

Profile

春畑セロリ

作曲家。東京藝術大学卒。鎌倉生まれ、横浜育ち。
舞台、映像、イベント、出版のための音楽制作、作編曲、演奏、執筆、音楽プロデュースなどで活動中。お気楽者でワガママ者。がんばり屋でナマケ者。凝り性でソコツ者。好奇心旺盛、放浪癖あり。
主な著作に、ピアノ曲集「ひなげし通りのピム」（カワイ出版）、「ポポリラ・ポポトリンカの約束」「ぶらぶ〜らの地図」（以上、全音楽譜出版社／日本コロムビア）、「ゼツメツキグシュノオト」「オヤツ探険隊」「空をさわりたい」「できるかな ひけるかなシリーズ」「連弾パーティー・シリーズ」「きまぐれんだんシリーズ」（以上、音楽之友社）、児童合唱曲「キャプテン・ロンリーハート」「雨の樹のドラゴン」ほか（教育芸術社）。書籍「白菜教授のミッドナイト音楽大学」（あおぞら音楽社）「ピアノのお悩み解決クリニック（全6巻）」（ヤマハミュージックエンタテインメントホールディングス）などがある。
http://www.trigo.co.jp/celeri/

携帯サイトはこちら▶

出版情報＆ショッピング　カワイ出版ONLINE　http://editionkawai.jp

ピアノソロ・連弾
春畑セロリの妄想ピアノ部つまみぐい　初心者からプロまで一緒に楽しめる

発行日● 2019 年 1 月 1 日　第 1 刷発行	作・編曲●春畑セロリ
2025 年 8 月 1 日　第 12 刷発行	発行所●カワイ出版（株式会社 全音楽譜出版社 カワイ出版部）
	〒 161-0034　東京都新宿区上落合 2-13-3
	TEL.03-3227-6286　FAX.03-3227-6296
	DTP ／浄書●ホッタガクフ
イラスト／デザイン●村野千草（有限会社中野商店）	印刷／製本●平河工業社
※ P.1,14 〜 17,29 を除く	日本音楽著作権協会（出）許諾第 1813822-512 号
	© 2018 by edition KAWAI, a division of Zen-On Music Co., Ltd.

本書よりの転載はお断りします。
落丁・乱丁本はお取り替え致します。
本書のデザインや仕様は予告なく変更される場合がございます。

ISBN978-4-7609-0654-3

シリーズ商品のご案内

春畑セロリの 妄想ピアノ部

作曲家・春畑セロリが始めたプロ・アマ・素人混在のゆる〜い集まり、ピアノへの妄想があれば誰でも参加OKの名付けて『妄想ピアノ部』。音楽への様々な想いを持った、多種多様な大人たちは超ユニークで超キュ〜ト。そんな大人たちを通して春畑セロリが見つけた音楽の本当の面白さとは!?

書籍

春畑セロリの 妄想ピアノ部日記
超キュ〜トな大人たち

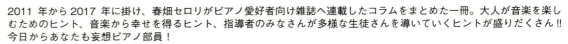

2011年から2017年に掛け、春畑セロリがピアノ愛好者向け雑誌へ連載したコラムをまとめた一冊。大人が音楽を楽しむためのヒント、音楽から幸せを得るヒント、指導者のみなさんが多様な生徒さんを導いていくヒントが盛りだくさん!!
今日からあなたも妄想ピアノ部員!

著者：春畑セロリ
四六判／160頁／ISBN978-4-7609-5024-9

ピアノソロ・連弾

春畑セロリの 妄想ピアノ部 つまみぐい
初心者からプロまで一緒に楽しめる

書籍『春畑セロリの 妄想ピアノ部日記』の姉妹編となるピアノ曲集です。
春畑セロリが妄想ピアノ部員のために作・編曲した楽譜を集めて、美味しいところを"つまみぐい"。
フッと笑えて肩の力が抜けるソロ曲あり。初心者も積極的に参加できる、妄想ピアノ部連弾曲あり。弾く人も、聴く人も一緒に楽しめるクイズ形式の楽曲あり。ピアノ初心者からプロまで一緒に楽しめる。
愉快なイラストも盛り込まれ、楽譜が読めない部員も楽しめる内容!

作・編曲：春畑セロリ
菊倍判／32頁／グレード：初〜中級／ISBN978-4-7609-0654-3

ピアノ連弾

春畑セロリの 妄想ピアノ部 ツーミニッツ連弾
ビギナーと先生、家族も一緒に楽しめる

ビギナーでも小粋に上級者との連弾で音楽を楽しもう!
ビギナーも音楽交流するために考案された「妄想ピアノ部連弾」シリーズ第2弾。
ツーミニッツ（2分前後）で演奏できる弾き応えと気軽さを兼ね備えた一冊!
生徒とのレッスンでのコミュニケーションや、ピアノ教室の生徒募集体験用はもちろん、おうち時間を楽しむためにも最適!先生・生徒、家族みんなで遊べる、使える、オリジナル曲も盛り込んだオススメのピアノ連弾曲集!

作・編曲：春畑セロリ
菊倍判／48頁／グレード：Ⅰ初級 Ⅱ中級／ISBN978-4-7609-0669-7

携帯サイトはこちら▶

出版情報＆ショッピング **カワイ出版ONLINE** http://editionkawai.jp

あなたはどれを選んだの?

占い☆結果

 来年の運勢
 恋のアドバイス
 ラッキーアイテム

A を選んだあなた

♠ さりげなく見える毎日ですが、ついに心をしめつけるせつないできごとが起こりそう。はたして出会いでしょうか、別れでしょうか。
♥ いつまでも心に秘めていないで、思いきって一歩を踏み出しましょう。
♣ ストライプのマフラー

B を選んだあなた

♠ 手堅くて誠実な生き方が認められます。昇給かな? それともお見合い話? あなたはあなたのままで、背伸びしなくてOK。
♥ いつもは着ないファッションで、いつもは行かないパーティへGO!
♣ ペアのマグカップ

C を選んだあなた

♠ いつもあなたを見守っている人がいます。そっとまわりを見回して感謝を伝えましょう。小さな感動と巡り会えそうです。
♥ 大事なときに目を伏せないで! あなたの目はとてもチャーミング。
♣ 昔から大事にしていたお人形

D を選んだあなた

♠ 思わぬ才能が開花します。妬まれたりしないようにしっかりと地に足をつけ、謙虚に、でも力強く進みましょう。
♥ 憧れの視線を感じたら笑顔で振り向きましょう。出会いはそこから。
♣ 新しいスマホ

E を選んだあなた

♠ 長年の困難や悩みに解決の糸口が! 見落としているところに大切なヒントがありますよ。心の温かなあなたなら、きっと大丈夫。
♥ あの人はあなたの一言を待っている…。飾り立てた言葉は必要ありません。
♣ パンプキンスープ

F を選んだあなた

♠ 衝撃の展開が訪れます。何があってもうろたえないよう、日頃の準備や訓練をお忘れなく! 雨降って地固まる。
♥ 虚勢を張らないで。ほんとはとても可愛らしいあなたですから。
♣ スパークリングワインまたは梅酒

G を選んだあなた

♠ あせってはいけません。必ず認められ、脚光を浴びる日がきます。待ちに待ったその時こそ、スターになるのです。
♥ わがままを聞いてくれているあの人が、一番のパートナー!
♣ 赤いレザーの財布

Profile

春畑セロリ

作曲家。東京藝術大学卒。鎌倉生まれ、横浜育ち。

舞台、映像、イベント、出版のための音楽制作、作編曲、演奏、執筆、音楽プロデュースなどで活動中。お気楽者でワガママ者。がんばり屋でナマケ者。凝り性でソコツ者。好奇心旺盛、放浪癖あり。

主な著作に、ピアノ曲集「ひなげし通りのピム」（カワイ出版）、「ポポリラ・ポポトリンカの約束」「ぶらぶ～らの地図」（以上、全音楽譜出版社／日本コロムビア）、「ゼツメツキグシュノオト」「オヤツ探険隊」「空をさわりたい」「できるかな ひけるかなシリーズ」「連弾パーティー・シリーズ」「きまぐれんだんシリーズ」（以上、音楽之友社）、児童合唱曲「キャプテン・ロンリーハート」「雨の樹のドラゴン」ほか（教育芸術社）。書籍「白菜教授のミッドナイト音楽大学」（あおぞら音楽社）「ピアノのお悩み解決クリニック（全６巻）」（ヤマハミュージックエンタテインメントホールディングス）などがある。

http://www.trigo.co.jp/celeri/

出版情報＆ショッピング　カワイ出版ONLINE　http://editionkawai.jp　携帯サイトはこちら▶

ピアノソロ・連弾
春畑セロリの妄想ピアノ部つまみぐい　初心者からプロまで一緒に楽しめる

発行日● 2019 年 1 月 1 日　第 1 刷発行	作・編曲●春畑セロリ
2025 年 8 月 1 日　第 12 刷発行	発行所●カワイ出版（株式会社 全音楽譜出版社 カワイ出版部）
	〒 161-0034　東京都新宿区上落合 2-13-3
	TEL.03-3227-6286　FAX.03-3227-6296
	DTP / 浄書●ホッタガクフ
イラスト / デザイン●村野千草（有限会社中野商店）	印刷 / 製本●平河工業社
※ P.1,14 ～ 17,29 を除く	日本音楽著作権協会（出）許諾第 1813822-512 号
	© 2018 by edition KAWAI, a division of Zen-On Music Co., Ltd.

本書よりの転載はお断りします。
落丁・乱丁本はお取り替え致します。
本書のデザインや仕様は予告なく変更される場合がございます。

ISBN978-4-7609-0654-3

シリーズ商品のご案内
春畑セロリの 妄想ピアノ部

作曲家・春畑セロリが始めたプロ・アマ・素人混在のゆる〜い集まり、ピアノへの妄想があれば誰でも参加OKの名付けて『妄想ピアノ部』。音楽への様々な想いを持った、多種多様な大人たちは超ユニークで超キュ〜ト。そんな大人たちを通して春畑セロリが見つけた音楽の本当の面白さとは!?

書籍

春畑セロリの 妄想ピアノ部日記
超キュ〜トな大人たち

2011年から2017年に掛け、春畑セロリがピアノ愛好者向け雑誌へ連載したコラムをまとめた一冊。大人が音楽を楽しむためのヒント、音楽から幸せを得るヒント、指導者のみなさんが多様な生徒さんを導いていくヒントが盛りだくさん‼ 今日からあなたも妄想ピアノ部員！

著者：春畑セロリ
四六判／160頁／ISBN978-4-7609-5024-9

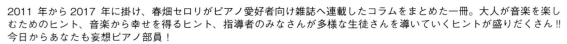

ピアノソロ・連弾

春畑セロリの 妄想ピアノ部 つまみぐい
初心者からプロまで一緒に楽しめる

書籍『春畑セロリの 妄想ピアノ部日記』の姉妹編となるピアノ曲集です。
春畑セロリが妄想ピアノ部員のために作・編曲した楽譜を集めて、美味しいところを"つまみぐい"。
フッと笑えて肩の力が抜けるソロ曲あり。初心者も積極的に参加できる、妄想ピアノ部連弾曲あり。弾く人も、聴く人も一緒に楽しめるクイズ形式の楽曲あり。ピアノ初心者からプロまで一緒に楽しめる。
愉快なイラストも盛り込まれ、楽譜が読めない部員も楽しめる内容！

作・編曲：春畑セロリ
菊倍判／32頁／グレード：初〜中級／ISBN978-4-7609-0654-3

ピアノ連弾

春畑セロリの 妄想ピアノ部 ツーミニッツ連弾
ビギナーと先生、家族も一緒に楽しめる

ビギナーでも小粋に上級者との連弾で音楽を楽しもう！
ビギナーも音楽交流するために考案された「妄想ピアノ部連弾」シリーズ第2弾。
ツーミニッツ（2分前後）で演奏できる弾き応えと気軽さを兼ね備えた一冊！
生徒とのレッスンでのコミュニケーションや、ピアノ教室の生徒募集体験用はもちろん、おうち時間を楽しむためにも最適！先生・生徒、家族みんなで遊べる、使える、オリジナル曲も盛り込んだオススメのピアノ連弾曲集！

作・編曲：春畑セロリ
菊倍判／48頁／グレード：Ⅰ初級 Ⅱ中級／ISBN978-4-7609-0669-7

携帯サイトはこちら▶
出版情報＆ショッピング **カワイ出版ONLINE** http://editionkawai.jp